Sopravvivere al lutto

LEONARDO TAVARES

Sopravvivere al lutto

SOPRAVVIVERE AL LUTTO

© Copyright 2023 - Leonardo Tavares

Questo titolo può essere acquistato in grandi quantità per uso commerciale o educativo. Per informazioni, si prega di inviare un'email a realleotavares@gmail.com.

Tutti i diritti riservati. Nessuna parte di questo libro può essere riprodotta, archiviata in un sistema di recupero o trasmessa in alcun modo - elettronico, meccanico, fotocopia, registrazione, scansione o altro - tranne che per brevi citazioni in recensioni critiche o articoli, senza il previo consenso scritto dell'editore.

In nessun caso l'editore o l'autore saranno ritenuti responsabili per danni, riparazioni o perdite finanziarie derivanti dalle informazioni contenute in questo libro, direttamente o indirettamente.

Avviso Legale:

Questo libro è protetto da copyright. È solo per uso personale. Non è consentito modificare, distribuire, vendere, utilizzare, citare o parafrasare alcuna parte o contenuto di questo libro senza il consenso dell'autore o dell'editore.

Disclaimer:

Si prega di notare che le informazioni contenute in questo documento sono solo a scopo educativo e di intrattenimento. Sono stati fatti tutti gli sforzi per presentare informazioni accurate, aggiornate e affidabili. Non viene fornita alcuna garanzia di alcun tipo, espressa o implicita. I lettori riconoscono che l'autore non fornisce consulenza legale, finanziaria, medica o professionale. Il contenuto di questo libro è stato derivato da varie fonti. Consultate un professionista autorizzato prima di provare qualsiasi tecnica descritta in questo libro.

Leggendo questo documento, il lettore accetta che, in nessun caso, l'autore sarà responsabile per eventuali perdite, dirette o indirette, sostenute a seguito dell'uso delle informazioni contenute in questo documento, compresi, ma non limitati a, errori, omissioni o imprecisioni.

Prima Stampa 2023

Che questo libro possa essere un abbraccio,
Un conforto per il cuore ferito,
Che possa portare la certezza
Che il dolore possa essere superato con amore.

Non c'è un addio definitivo
Poiché il legame che abbiamo con coloro che amiamo
Va oltre la morte, trascende il tempo e lo spazio,
E diventa una fonte eterna di ispirazione e amore.

Che la nostalgia possa essere trasformata in gioia,
E che la memoria possa essere un tesoro,
Che le lacrime possano essere asciugate dall'amore,
E che la luce possa brillare sul cammino
Di coloro che soffrono.

Questo libro è un omaggio
A tutte le persone che sono già partite
E a tutte le persone che stanno affrontando il lutto,
Che possa essere una fonte di conforto e speranza.

E che, anche nei momenti più difficili,
Possiamo trovare la forza e il coraggio per andare avanti,
Per onorare la memoria di coloro che amiamo,
E per vivere le nostre vite con amore, gratitudine e gioia.

In memoria di Fernanda Tavares.

INDICE

Prefazione 11
Capitolo 1: L'inizio della sofferenza........................... 13
Capitolo 2: Le 5 fasi del lutto.................................... 19
Capitolo 3: La negazione.. 23
Capitolo 4: La rabbia..29
Capitolo 5: La contrattazione 33
Capitolo 6: La depressione 39
Capitolo 7: L'accettazione 43
Capitolo 8: L'importanza di permettersi di sentire......47
Capitolo 9: Il supporto della famiglia e degli amicis..... 51
Capitolo 10: L'importanza della cura di sé.................. 55
Capitolo 11: La tristezza che va e viene...................... 59
Capitolo 12: La nostalgia eterna 63
Capitolo 13: La ricerda di un nuovo significato alla vita 69
Capitolo 14: La spiritualità.. 73
Capitolo 15: Il sentimento di colpa 77
Capitolo 16: Il ruolo della terapia............................... 83
Capitolo 17: La superazione 89
Capitolo 18: Il legato 95
Capitolo 19: La speranza...99
Considerazioni finali 103
Circa l'autore 105

PREFAZIONE

Ho scritto questo libro per condividere con voi, i miei lettori, ciò che ho vissuto e imparato con grande sofferenza e il passare del tempo.

La perdita di qualcuno di importante può essere una delle esperienze più difficili nella vita. Il lutto è una reazione naturale e salutare a questa perdita, ma può essere un processo molto doloroso e impegnativo. In "Sopravvivere al lutto", esploreremo insieme i diversi aspetti del processo di lutto e come affrontarlo in modo sano e costruttivo.

Troverete anche informazioni preziose sulle fasi del lutto, come gestire la perdita, l'impatto del lutto sulla salute mentale, l'importanza del sostegno sociale nel processo di lutto e molto altro.

Auguro che questo libro possa portare conforto, speranza e pace a coloro che stanno attraversando il processo di lutto. Che possa ricordarvi che non siete soli e che è possibile trovare la luce anche nelle situazioni più buie.

Ricordate sempre che l'amore è più forte della morte e che l'amore non muore mai.

Con speranza e gratitudine,

Leonardo Tavares

CAPITOLO 1
L'INIZIO DELLA SOFFERENZA

ANCHE NELLE
NOTTI PIÙ OSCURE,
C'È UNA LUCE
CHE BRILLA
DENTRO DI TE,
GUIDANDO I TUOI
PASSI VERSO
LA GUARIGIONEA.

La vita è fatta di alti e bassi. I momenti di gioia e felicità sono equilibrati da momenti di tristezza e dolore. Purtroppo, la perdita è una parte inevitabile della vita. Prima o poi, tutti noi sperimenteremo il dolore di perdere qualcuno che amiamo.

L'inizio della sofferenza è una fase molto difficile e confusa. Quando riceviamo la notizia della perdita, spesso ci sentiamo storditi e senza una direzione. Il dolore è intenso e sembra insopportabile. È come se il terreno ci venisse tolto sotto i piedi.

Inizialmente, può essere difficile credere che la persona amata se ne sia andata. Ci sentiamo come se fossimo in un incubo dal quale non riusciamo a svegliarci. È una sensazione di irrealtà che sembra non passare mai.

La negazione è una delle prime reazioni che sperimentiamo di fronte alla perdita. È una forma di protezione emotiva, un tentativo di difenderci dal dolore e dalla sofferenza. È come se non potessimo accettare la realtà della perdita.

Ma col tempo, la realtà comincia a imporsi. Il dolore diventa sempre più forte e intenso. La tristezza e la nostalgia ci colpiscono con forza e la realtà inizia a farsi strada. È in questo momento che il dolore diventa più acuto, più intenso e difficile da sopportare.

Il dolore del lutto è un dolore diverso da tutti gli altri. È un dolore profondo che ci colpisce a tutti i livelli: fisico, emotivo, mentale e spirituale. È come se il nostro mondo fosse crollato e niente avesse più senso.

È comune provare una serie di emozioni intense e contrastanti durante il processo di lutto. Possiamo sentirci tristi, arrabbiati, confusi, disperati, persi, tra molte altre cose. A volte, possiamo persino provare un senso di sollievo, specialmente se la persona che se n'è andata stava soffrendo o era in una situazione difficile.

Queste emozioni possono essere travolgenti e difficili da gestire. A volte, possiamo sentirsi sull'orlo della pazzia. Ma è importante ricordare che queste emozioni sono normali e fanno parte del processo di lutto.

Ognuno affronta il lutto in modo unico. Non c'è un modo giusto o sbagliato di sentire o esprimere il dolore. Ognuno di noi ha il diritto di vivere il proprio processo di lutto a modo proprio.

È importante ricordare che il processo di lutto non è lineare. Non c'è una chiara progressione di fasi da seguire. Invece, il processo di lutto è complesso e multifacetato, fatto di alti e bassi.

A volte, possiamo sentirci meglio per un po', solo per essere colpiti nuovamente dalla tristezza e dalla nostalgia. È un processo di alti e bassi, di avanzamenti e ritorni indietro.

L'inizio della sofferenza è solo l'inizio del processo di lutto. È un momento di shock, di negazione e di confusione. È il momento in cui la realtà inizia a farsi strada e il dolore diventa più reale e intenso.

È importante concedersi di sentire il dolore e non cercare di reprimerlo o negarlo. È necessario trovare modi sani per affrontare il dolore e la sofferenza. Ciò può includere il pianto, il dialogo con amici e familiari, la ricerca di aiuto professionale, l'espressione del dolore attraverso l'arte o la scrittura, tra le altre cose.

Non esiste un modo giusto o sbagliato per affrontare il lutto. Ognuno ha il suo modo di gestire il dolore. È importante rispettare e onorare il proprio processo di lutto e concedersi il tempo per guarire.

In questo momento di sofferenza, è comune interrogarsi sul significato della vita e sull'esistenza di un piano più grande. Queste domande possono essere difficili da rispondere, ma è importante cercare significato e scopo nella vita, anche di fronte alla perdita.

La perdita è una parte inevitabile della vita, ma l'amore e i ricordi che condividiamo con la persona che se ne è andata rimangono con noi per sempre. È importante onorare la memoria della persona amata e mantenere viva la sua presenza nei nostri cuori.

Ricordate che non siete soli. Ci sono molte persone intorno a voi che vi amano e si preoccupano per voi. Cercate sempre supporto e conforto quando ne avete bisogno.

CAPITOLO 2

LE 5 FASI DEL LUTTO

IL LUTTO
È UN VIAGGIO
COMPLESSO,
E OGNI FASE
È UN PASSO
VERSO LA PACE
INTERIORE.

Quando una persona subisce una perdita significativa, come la morte di una persona cara, è comune attraversare una serie di fasi emotive, conosciute come le fasi del lutto. Anche se non tutte le persone vivono tutte queste fasi, o nello stesso ordine, comprendere queste fasi può aiutare la persona a comprendere i propri sentimenti e cosa aspettarsi nel proprio viaggio di lutto.

Negazione

La prima fase delle fasi del lutto è la negazione. In questa fase, la persona può rifiutarsi di credere che la perdita sia veramente avvenuta. Questo può essere accompagnato da sentimenti di shock, confusione e disorientamento. È comune che le persone si sentano stordite e incapaci di elaborare completamente ciò che è accaduto.

Rabbia

La rabbia è un'altra fase comune del lutto. In questa fase, la persona può sentirsi arrabbiata e frustrata. Possono cercare un colpevole per la loro perdita o arrabbiarsi con la persona deceduta. Possono sentirsi ingiustiziati o che la vita è ingiusta.

Contrattazione

Nella fase di contrattazione, la persona può cercare di fare accordi con Dio o con la vita per evitare il dolore della perdita. Possono chiedersi cosa avrebbero potuto fare diversamente per evitare la morte della persona cara. È comune che le persone si sentano disperate nel tentativo di recuperare ciò che è stato perduto e quindi cercano di negoziare con le proprie emozioni.

Depressione

La depressione è un'altra fase del lutto. In questa fase, la persona può provare una tristezza profonda e disperazione. Possono sentirsi soli e isolati, anche quando sono circondati da amici e familiari. La depressione può essere accompagnata da pianto, insonnia, perdita di appetito e stanchezza.

Accettazione

Infine, l'ultima fase delle fasi del lutto è l'accettazione. In questa fase, la persona inizia ad accettare la realtà della perdita e a trovare un modo per andare avanti. Possono iniziare a pianificare il futuro senza la persona deceduta e trovare nuovamente significato nella propria vita.

Anche se non tutte le persone attraversano tutte queste fasi e alcune persone possono farlo in un ordine diverso, è importante ricordare che il lutto è un processo personale e unico per ciascun individuo. Non c'è un modo giusto o sbagliato di sentirsi o attraversare questo processo. È importante permettersi di sentire tutte le emozioni che emergono e trovare modi sani per affrontarle. Nei capitoli successivi, presenterò ciascuna fase del processo di lutto e fornirò le indicazioni necessarie per aiutarti a navigare in uno dei periodi più difficili della nostra vita.

CAPITOLO 3
LA NEGAZIONE

AFFRONTARE
LA VERITÀ È IL
PRIMO PASSO
PER TRASFORMARE
LA NEGAZIONE
IN FORZA.

Quando perdiamo qualcuno che amiamo, è naturale avere difficoltà ad affrontare la realtà della perdita. In molti casi, la negazione è una delle prime reazioni che emergono. La negazione è una forma di autodifesa, un tentativo di mantenere l'illusione che la persona sia ancora presente nella nostra vita. Tuttavia, la negazione può diventare un ostacolo nel processo di lutto e nella nostra capacità di affrontare la perdita.

La negazione è una fase comune del processo di lutto. Quando perdiamo qualcuno, è difficile accettare la realtà della perdita. È normale sentirsi come se la persona fosse ancora presente nella nostra vita o aspettare che torni. In questa fase, può essere difficile credere che la perdita sia permanente.

La negazione può manifestarsi in diverse forme. Alcune persone possono rifiutarsi di accettare la realtà della perdita, ignorando i fatti o evitando di pensarci. Altre possono comportarsi come se niente fosse successo, mantenendo routine normali e evitando di parlare della perdita. La negazione può persino manifestarsi come forma di rabbia o ribellione, quando non vogliamo accettare la perdita e cerchiamo qualcuno o qualcosa da incolpare.

La negazione può essere un meccanismo temporaneo di difesa, ma può diventare un ostacolo nel processo di lutto. Quando neghiamo la realtà della perdita, impediamo alla nostra capacità di elaborare le emozioni e i sentimenti legati alla perdita. Rimandiamo il dolore e la sofferenza, il che può prolungare il processo di lutto e rendere la ripresa più difficile.

È importante capire che la negazione è una fase normale del processo di lutto, ma è necessario affrontarla e superarla per andare avanti. L'accettazione della perdita è una fase importante del processo di lutto che ci permette di iniziare a ricostruire la nostra vita senza la persona che se n'è andata. Quando accettiamo la perdita, stiamo aprendo spazio per sentire le emozioni e elaborare i sentimenti di tristezza e nostalgia. Stiamo permettendo al processo di lutto di seguire il suo corso naturale.

Ci sono diverse strategie che possono aiutare ad affrontare la negazione nel processo di lutto. Trovare modi sani per gestire le emozioni è fondamentale. Praticare attività fisiche come passeggiate o yoga può aiutare a ridurre lo stress e l'ansia. Esprimersi artisticamente attraverso la scrittura, la musica o le arti visive può essere un potente mezzo per elaborare le emozioni e trovare significato nella perdita.

Cercare aiuto e supporto dalle persone vicine, dagli amici e dalla famiglia, aiuta ad adattarsi alla perdita. È importante parlare della perdita ed esprimere le emozioni e i sentimenti ad essa legati. La terapia può anche essere uno strumento utile per affrontare la negazione e le altre fasi del lutto.

Infine, partecipare a gruppi di supporto per persone che stanno attraversando lo stesso processo può essere una preziosa fonte di sostegno. Trovare altre persone che stanno passando attraverso lo stesso processo può aiutare a sentirsi compresi e sostenuti, oltre a offrire l'opportunità di condividere esperienze di vita.

CAPITOLO 4
LA RABBIA

LA RABBIA
È COME
UN FUOCO
INTERIORE,
TRASFORMALA
IN CARBURANTE
PER LA TUA
CRESCITA.

La rabbia è una delle emozioni più forti che sperimentiamo nel processo di lutto. Può sorgere per diverse ragioni, dalla sensazione di ingiustizia per la perdita alla frustrazione per non aver avuto l'opportunità di dire addio. Qualunque sia la causa, la rabbia può essere intensa e difficile da gestire.

Quando perdiamo qualcuno, spesso ci sentiamo impotenti, come se non avessimo alcun controllo su nulla. La vita sembra averci giocato un brutto tiro, lasciandoci in una situazione inaspettata e ingiusta. La rabbia può essere una risposta naturale a questa sensazione di impotenza e disperazione.

Inoltre, spesso la rabbia è diretta verso altre persone. Possiamo arrabbiarci con i medici che non sono riusciti a salvare il nostro caro, con i familiari che non sono stati presenti, o persino con la persona deceduta per averci lasciati soli. È importante ricordare che questi sentimenti non sono né buoni né cattivi, esistono semplicemente e devono essere elaborati.

Tuttavia, la rabbia può diventare un ostacolo nel processo di lutto se non viene espressa e compresa in modo sano. Se tratteniamo la rabbia dentro di noi, può trasformarsi in risentimento e amarezza, influenzando le nostre relazioni con gli altri e la nostra salute mentale.

Un modo per affrontare la rabbia è permettersi di sentirla. È normale e salutare provare rabbia di fronte a una perdita significativa. Dobbiamo permetterci di sperimentare questa emozione, esprimerla in modo sicuro e comprenderla. Possiamo cercare aiuto professionale, parlare con amici e familiari o anche scrivere su ciò che stiamo provando. La chiave è non permettere alla rabbia di controllare le nostre azioni e le nostre vite.

Un altro modo per gestire la rabbia è trovare modi per canalizzarla in modo positivo. Possiamo utilizzare questa energia per cambiare aspetti della nostra vita che ci infastidiscono, fare attività fisica o volontariato, o persino creare qualcosa di nuovo. La rabbia può essere una fonte di motivazione se sappiamo usarla in modo sano.

Ricorda che la rabbia non è né permanente né eterna. Può emergere intensamente in alcuni momenti e diminuire in altri. È normale che l'emozione si manifesti a ondate lungo il processo di lutto. L'importante è permettersi di sentirla e affrontarla in modo sano, in modo da poter progredire nel processo di guarigione.

CAPITOLO 5
LA CONTRATTAZIONE

NELLA RICERCA
DI RISPOSTE,
TROVIAMO
LA FORZA
PER ACCETTARE
CIÒ CHE NON
POSSIAMO
CAMBIARE.

Il lutto è un processo complesso e spesso doloroso che può portare a una serie di emozioni difficili da affrontare. Una di queste emozioni è la contrattazione, che si riferisce al tentativo di contrattare con il dolore della perdita alla ricerca di soluzioni o modi per evitarlo.

La contrattazione può emergere in momenti diversi del processo di lutto e può rappresentare un tentativo di evitare il dolore e la tristezza che accompagnano la perdita. È un modo per cercare un senso di controllo in un momento in cui molte cose sembrano sfuggire al nostro controllo.

La contrattazione può manifestarsi in modi diversi. Alcune persone possono cercare di contrattare con Dio o con la vita affinché la persona amata torni o per alleviare il dolore. Altre possono fare promesse o sacrifici, come impegnarsi a cambiare le proprie abitudini o ad essere più attente nei confronti degli altri, in cambio di un sollievo dal dolore.

Sebbene la contrattazione possa rappresentare un modo temporaneo per affrontare il dolore, è importante comprendere che alla fine non offre una soluzione reale alla perdita. La morte è una parte inevitabile della vita e nessuna quantità di contrattazione può cambiarlo.

È importante ricordare che il processo di lutto è diverso per ognuno e non esiste un modo "giusto" di affrontarlo. Alcune persone possono sperimentare la contrattazione come una parte naturale del processo di lutto, mentre altre potrebbero non provare questa emozione o sperimentarla in modo diverso.

Tuttavia, è importante che le persone in lutto non siano giudicate o criticate per le loro emozioni o reazioni. Ogni individuo deve essere rispettato nel proprio processo di lutto e avere spazio per sperimentare le proprie emozioni senza paura o vergogna.

La terapia può essere un modo utile per affrontare la contrattazione e altre emozioni difficili che possono emergere durante il processo di lutto. Un terapeuta esperto può aiutare la persona in lutto a esplorare le proprie emozioni in modo sicuro e a trovare modi sani per affrontare la perdita. Ciò non significa che dobbiamo smettere di sentire la mancanza o dimenticare coloro che sono già andati. Al contrario, è necessario imparare a convivere con il dolore e trovare un nuovo significato nella vita senza la presenza di quella persona. Ciò può richiedere tempo, ma è un passo importante nel percorso della guarigione.

Oltre alla terapia, ci sono altri modi per affrontare la contrattazione e altre emozioni difficili del lutto. Alcuni trovano utile concentrarsi sulle cose positive che la persona amata ha portato nelle loro vite e ricordare i bei momenti che hanno condiviso. Altri possono trovare conforto in attività che li aiutano a connettersi con le proprie emozioni, come scrivere un diario o praticare la meditazione.

In ultima analisi, la contrattazione può essere una parte naturale del processo di lutto, ma è importante ricordare che non offre una soluzione reale alla perdita. È importante che le persone in lutto abbiano spazio e supporto per elaborare le proprie emozioni e trovare modi sani per affrontare il proprio dolore.

CAPITOLO 6

LA DEPRESSIONE

NEI MOMENTI
PIÙ BUI
E RICORDA
CHE HAI
LA FORZA
NECESSARIA
PER AFFRONTARE
LA TEMPESTA.

La perdita di qualcuno che amiamo profondamente può essere una delle esperienze più difficili che possiamo affrontare nella vita, è devastante. È naturale provare tristezza, angoscia e persino depressione nel processo di lutto, e ogni persona affronta questo processo in modo diverso. Alcune persone possono superare questo periodo con facilità, mentre altre possono sentirsi come se stessero affondando in un abisso senza fondo.

La depressione è uno dei sintomi più comuni del lutto. Può manifestarsi in varie forme diverse, dall'incessante senso di tristezza e disperazione alla perdita di interesse per le attività che una volta erano piacevoli. Alcune persone possono anche provare una sensazione di vuoto o mancanza di scopo nella loro vita.

È importante capire che la depressione nel lutto è una reazione naturale alla perdita e non dovrebbe essere ignorata o minimizzata. Se stai affrontando la depressione nel lutto, è essenziale cercare aiuto professionale. Uno psicologo o terapeuta può aiutarti a gestire i tuoi sentimenti e sviluppare abilità per affrontare il lutto.

La depressione nel lutto può essere trattata in vari modi diversi, a seconda della gravità dei sintomi e delle esigenze individuali. La terapia cognitivo-comportamentale è un trattamento comune che si concentra sul cambiare schemi di pensiero negativi e comportamenti associati alla depressione. La terapia interpersonale è un'altra approccio che si concentra sulle relazioni interpersonali e su come influiscano sulla salute mentale.

Oltre alla terapia, ci sono altre cose che puoi fare per affrontare la depressione nel lutto. È importante prendersi cura di te stesso sia fisicamente che emotivamente. Questo include seguire una dieta sana, fare regolarmente esercizio fisico, scoprire nuovi hobby, dormire a sufficienza e evitare l'uso di sostanze che potrebbero peggiorare i sintomi della depressione.

È anche fondamentale cercare il sostegno di amici e familiari che possono aiutarti durante questo periodo difficile. Possono offrire consigli, ascolto attivo o semplicemente essere presenti quando hai bisogno di qualcuno con cui parlare.

La cosa più importante da ricordare è che il lutto è un processo unico per ogni persona, e non c'è un periodo definito per superarlo. È normale provare una serie di emozioni diverse durante questo periodo, e ci potrebbero essere momenti alti e bassi lungo il percorso verso la guarigione. Ma con l'aiuto professionale, l'auto-cura e il sostegno dei tuoi cari, è possibile superare la depressione nel lutto e trovare un nuovo significato nella vita.

CAPITOLO 7
L'ACCETTAZIONE

NELL'ACCETTAZIONE,
TROVIAMO
LA LIBERTÀ
DI CONTINUARE
E LA FORZA
DI RICOMINCIARER.

Quando perdiamo qualcuno che amiamo, è comune passare attraverso un periodo di negazione, rabbia, tristezza e depressione, come abbiamo visto nei capitoli precedenti. Possiamo chiederci il motivo di ciò che ci è accaduto, sentire che non meritiamo questo dolore o pensare che la vita è ingiusta. Ma, in qualche momento, dobbiamo affrontare la realtà e convivere con la perdita.

L'accettazione è uno dei passaggi più difficili e sfidanti nel processo di lutto. È una fase che può richiedere molto tempo, poiché spesso dobbiamo affrontare un'ondata di emozioni prima di poterci abituare alla realtà della perdita. Ma quando raggiungiamo questo punto, è possibile provare un senso di sollievo e un peso che si solleva dalle nostre spalle.

Accettare la perdita non significa dimenticare la persona che amavamo o trascurare il nostro dolore. Al contrario, è un processo per capire che la persona se n'è andata e che dobbiamo trovare un modo per andare avanti. È importante capire che il processo di lutto è un percorso individuale e che ognuno può prendersi il suo tempo per accettare la perdita.

Ci sono molti modi per affrontare l'accettazione della perdita. Alcune persone preferiscono parlare della persona che se n'è andata, ricordare momenti felici e mantenere viva la sua memoria. Altre preferiscono dedicarsi a nuove attività, nuovi hobby, nuove relazioni o nuovi progetti per aiutarle a trovare un nuovo scopo nella vita.

Accettare la perdita significa anche perdonare se stessi e gli altri. Molte volte, possiamo sentirci colpevoli per ciò che è accaduto prima della perdita o provare rabbia per situazioni che non possiamo controllare. Ma è importante ricordare che queste emozioni non ci aiutano a andare avanti e che, prima o poi, dobbiamo perdonare noi stessi e gli altri per trovare la pace interiore.

L'accettazione può essere un processo difficile e doloroso, ma è un passo importante per trovare la pace interiore e la guarigione. È un processo che permette alle emozioni di essere sentite e elaborate, in modo da poter andare avanti e trovare un nuovo scopo nella vita.

È importante ricordare che il processo di accettazione può richiedere tempo e che ognuno affronta la perdita in modo diverso. Sii gentile con te stesso, cerca supporto, svolgi attività che ti diano piacere e permetti al tuo viaggio nel lutto di essere un'esperienza meno dolorosa. Con il tempo, l'amore e il supporto, è possibile trovare l'accettazione e la guarigione.

CAPITOLO 8

L'IMPORTANZA DI PERMETTERSI DI SENTIRE

PERMETTITI
DI SENTIRE,
È NEL PROCESSO
DELLE EMOZIONI
CHE INIZIA
LA GUARIGIONE.

Il lutto è un processo che coinvolge una varietà di emozioni intense e contrastanti. È comune che chi è in lutto sperimenti sentimenti di tristezza, rabbia, colpa, ansia, solitudine e persino sollievo. Queste emozioni possono essere molto intense e spesso le persone cercano di reprimerle o ignorarle, pensando che ciò le faccia sentire meglio. Tuttavia, la negazione delle emozioni può portare a problemi emotivi e fisici a lungo termine. È quindi importante permettersi di sentire tutte le emozioni che emergono durante il processo di lutto.

Alcune persone ritengono di dover essere forti e mantenere la calma durante il lutto, ma ciò può essere dannoso. Permettersi di sentire tutte le emozioni è una parte importante del processo di guarigione. È normale provare tristezza, rabbia, colpa e altri sentimenti negativi dopo la perdita di una persona cara. Ignorare questi sentimenti o cercare di reprimerli può solo peggiorare la situazione.

Accettare e gestire le emozioni può essere difficile, ma è necessario. Un modo per farlo è cercare di esprimere questi sentimenti. Alcune persone preferiscono parlare con amici o familiari, mentre altre preferiscono scrivere in un diario o cercare l'aiuto di un professionista della salute mentale. L'importante è trovare un modo sano per esprimere le emozioni e condividerle con qualcuno che possa ascoltare senza giudicare.

Oltre ad esprimere le emozioni, è importante anche riconoscere e convalidare i sentimenti. È comune che le persone si giudichino per provare rabbia o tristezza, ma questi sentimenti sono normali e non dovrebbero essere ignorati. Convalidare questi sentimenti può aiutare chi è in lutto a sentirsi meno isolato e solo nella sua sofferenza.

Tuttavia, è importante ricordare che, sebbene sia importante permettersi di sentire tutte le emozioni, è anche importante prendersi cura della salute fisica e mentale. Ciò può includere attività come l'esercizio fisico, gli hobby, la meditazione, il sonno adeguato e un'alimentazione sana. Prendersi cura di sé stessi può aiutare a ridurre lo stress e l'ansia che spesso accompagnano il processo di lutto.

Trovare modi sani per affrontare le emozioni può essere una sfida, ma è un passo importante nel processo di guarigione. È importante permettersi di sentire tutte le emozioni che emergono, senza giudizio, e trovare modi sani per esprimerle e affrontarle. Farlo può aiutare chi è in lutto a trovare un po' di conforto e significato nella sua perdita.

CAPITOLO 9

IL SUPPORTO DELLA FAMIGLIA E DEGLI AMICIS

TRA LE MANI AMOREVOLI DELLA FAMIGLIA E DEGLI AMICI, TROVI CONSOLAZIONE E CALORE DURANTE I MOMENTI DIFFICILIS.

Il supporto della famiglia e degli amici è fondamentale per superare il lutto e il dolore emotivo che accompagna la perdita di una persona cara. Quando attraversiamo una perdita, è comune provare una sensazione di solitudine e isolamento, ma è importante ricordare che non siamo soli.

I familiari e gli amici più stretti sono essenziali in questo momento. Possono offrire conforto, sostegno emotivo e pratico, oltre a essere una presenza amorevole che ci aiuta ad affrontare le sfide del lutto. Attraverso piccoli gesti di affetto e una spalla su cui piangere, i nostri cari possono darci la forza per andare avanti.

Tuttavia, è importante ricordare che non è sempre facile chiedere aiuto e che ciascuna persona affronta il dolore in modo unico. Alcune persone preferiscono ritirarsi e gestire il dolore da sole, mentre altre hanno bisogno di un supporto più costante e presente. Indipendentemente da ciò di cui hai bisogno, è importante comunicare con i tuoi cari e far loro sapere come possono aiutarti.

Ricorda che non sempre le persone vicine sanno come aiutare o gestire il nostro dolore. Pertanto, è importante avere empatia e capire che ciascuna persona ha il proprio modo di affrontare la perdita e il dolore emotivo. Se qualcuno non sa cosa dire o come comportarsi, è importante ricordare che ciò non significa che non si preoccupano, ma piuttosto che stanno gestendo la situazione nel miglior modo possibile.

Cerca supporto anche da altre fonti, come i gruppi di sostegno o la terapia. Questi strumenti possono essere essenziali per affrontare il dolore emotivo e trovare la forza per andare avanti.

Il processo di lutto non è qualcosa che deve essere affrontato da soli. Ci sono molte persone e risorse disponibili per aiutarti a superare il dolore e trovare una nuova strada.

CAPITOLO 10
L'IMPORTANZA DELLA CURA DI SÉ

L'AUTO-CURA
È IL GESTO PIÙ
AMOREVOLE
CHE POSSIAMO
OFFRIRE A UN CUORE
SPEZZATO.

Nel processo di lutto, spesso dimentichiamo di prenderci cura di noi stessi. Siamo così concentrati sul dolore e sulla sofferenza che finiamo per trascurare la nostra salute e il nostro benessere. Tuttavia, prendersi cura di sé stessi durante il lutto è fondamentale per aiutarti a superare questa fase difficile.

Prendersi cura di sé stessi non significa solo prendersi cura della salute fisica, ma anche della salute mentale ed emotiva. È importante ricordare che il lutto può influenzare non solo la nostra mente, ma anche il nostro corpo. Possono esserci difficoltà nel dormire, mangiare o persino concentrarsi nelle attività quotidiane. Ma è essenziale trovare modi per affrontare queste difficoltà e prendersi cura di sé stessi.

Uno dei modi più efficaci per prendersi cura di sé stessi è attraverso l'auto-cura. Questo include fare cose che ti danno piacere e che ti consentono di rilassarti, come leggere un libro, guardare un film o una serie TV, fare un bagno caldo, fare una passeggiata o semplicemente sederti e rilassarti in un ambiente tranquillo. L'auto-cura può anche includere pratiche di meditazione o yoga, che possono aiutarti a connetterti con te stesso e trovare la pace interiore.

Inoltre, è importante mantenere una routine di sonno e alimentazione salutare. Durante il lutto, potrebbe essere difficile dormire o mangiare, ma è fondamentale fare del tuo meglio per mantenere queste abitudini. Un sonno adeguato e una dieta sana contribuiscono al mantenimento della salute fisica e mentale, oltre a fornire energia per affrontare il dolore emotivo.

Un altro modo per prendersi cura di sé stessi durante il lutto è cercare supporto emotivo. Ciò può includere parlare dei tuoi sentimenti con amici e familiari, partecipare a gruppi di supporto o cercare assistenza professionale, come terapia o consulenza. Non c'è nulla di male nel chiedere aiuto; il supporto emotivo può aiutarti ad affrontare il dolore del lutto.

Infine, è fondamentale concedersi il tempo necessario e permettersi di attraversare il processo di lutto. Ogni persona ha il suo tempo e il suo modo di affrontare la perdita. Non ti mettere pressione per "superare" rapidamente, ma permettiti di sentire e sperimentare il dolore, sapendo che col tempo troverai pace e guarigione.

Ricorda che non sei solo e che ci sono molte persone e risorse disponibili per aiutarti a prenderti cura di te stesso e trovare la pace interiore.

CAPITOLO 11
LA TRISTEZZA CHE VA E VIENE

LA TRISTEZZA
È COME LE ONDE
DEL MARE,
VA E VIENE,
MA RIMANI
SALDO SULLA
COSTA DELLA TUA
FORZA INTERIORE.

La tristezza è una delle emozioni più intense che possiamo provare. Quando stiamo attraversando un processo di lutto, è molto comune che la tristezza si manifesti in modo intenso e costante, scomparendo e riapparendo. È importante capire che provare tristezza è normale e fa parte del processo di guarigione.

Nel processo di lutto, è comune che la tristezza sia accompagnata da una sensazione di vuoto. La sensazione che manchi qualcosa è costante e sembra non finire mai. Inoltre, è comune provare un senso di disperazione e avere difficoltà a concentrarsi su altre attività.

La tristezza può anche manifestarsi fisicamente, come dolori fisici, stanchezza costante, perdita di appetito e insonnia. Questi sintomi sono molto comuni nelle persone che stanno attraversando un processo di lutto e possono durare per un periodo prolungato.

È importante capire che la tristezza fa parte del processo di lutto e che è necessario viverla intensamente per poterla superare. Negare la tristezza può prolungare il processo di lutto e ostacolare la guarigione emotiva.

Un modo per affrontare la tristezza è cercare di identificare i trigger che scatenano queste emozioni. Potrebbe essere una canzone che ci ricorda la persona che abbiamo perso, un oggetto che le apparteneva o un luogo che frequentavamo insieme. Riconoscendo questi trigger, possiamo prepararci mentalmente e permetterci di sentire la tristezza quando sorge, invece di cercare di sopprimerla.

Un'altra strategia è concentrarsi su pensieri positivi e ricordi felici della persona che abbiamo perso. Invece di rimanere bloccati nella tristezza, possiamo sforzarci di ricordare i momenti felici e significativi che abbiamo condiviso con lei, il che può darci un po' di conforto.

È molto importante non lasciarsi sopraffare dalla tristezza e cercare aiuto quando necessario. Parlare con amici, familiari o addirittura un professionista della salute può aiutare ad affrontare la tristezza e trovare nuovi modi per gestire la perdita.

Col tempo, questa tristezza può trasformarsi in un affettuoso ricordo della persona che abbiamo perso. È necessaria pazienza e cura di sé stessi per riuscire a superare il dolore del lutto.

CAPITOLO 12
LA NOSTALGIA ETERNA

LA NOSTALGIA
È LA PROVA
CHE L'AMORE
NON MUORE
MA VIVE IN
OGNI RICORDOA.

Quando perdiamo qualcuno di importante nella nostra vita, la nostalgia può diventare ancora più intensa e dolorosa. La morte di una persona cara è una delle esperienze più difficili che possiamo affrontare, e la nostalgia è una delle conseguenze inevitabili di questo processo. Quando qualcuno che amiamo muore, sentiamo la mancanza della presenza fisica di quella persona nella nostra vita. Non poter più parlare, abbracciare, sentire la voce o il tocco di qualcuno che era così importante per noi può essere estremamente doloroso.

La nostalgia può farci mettere in discussione il senso della vita e può farci sentire persi nei nostri pensieri. È importante ricordare, però, che la nostalgia è anche una prova d'amore e che quella persona ha lasciato un'impronta indelebile nelle nostre vite. È naturale sentire nostalgia di qualcuno che ha fatto parte della nostra storia e che ha lasciato ricordi così significativi. È un segno che la persona ha lasciato un'eredità che continua a vivere nei nostri cuori.

Spesso, la nostalgia ci fa pensare a quanto sarebbe bello se quella persona fosse ancora qui. Possiamo desiderare di rivivere momenti del passato o fare cose che non abbiamo fatto mentre la persona era ancora con noi. È importante ricordare che non possiamo cambiare il passato e che la morte è una parte inevitabile della vita. Invece di concentrarsi sull'assenza di quella persona, è importante trovare modi per onorarne la memoria e mantenere viva l'eredità che ha lasciato nelle nostre vite.

Alcune persone trovano conforto nel conservare oggetti che appartenevano alla persona che è scomparsa, come abiti, foto o lettere. Altre preferiscono mantenere viva la memoria della persona condividendo storie e ricordi con amici e familiari. Altri ancora trovano consolazione nelle attività che la persona amava fare o impegnandosi in opere di volontariato legate alla causa che la persona sosteneva.

È importante ricordare che ognuno affronta la nostalgia in modo diverso e non c'è un modo giusto o sbagliato per farlo. È un processo unico e personale che può richiedere tempo e richiede attenzione e comprensione. È importante permettersi di sentire nostalgia e non cercare di sopprimerla o negarla. È normale sentirsi tristi, soli e persino arrabbiati a volte. Ma è anche importante permettersi di trovare conforto e supporto nelle persone che ci circondano.

Trovar modi per affrontare la nostalgia e onorare la memoria della persona che è scomparsa può aiutare nel processo di accettazione e nella costruzione di un nuovo significato per la vita dopo la perdita. Questo può essere fatto in molti modi, come visitare luoghi che erano importanti per la persona, fare attività che amava o addirittura mantenere oggetti che ci ricordano quella persona vicino. L'importante è non cercare di sfuggire alla nostalgia, ma imparare a conviverci e trasformarla in qualcosa di positivo.

Affrontare e convivere con la nostalgia può essere una delle parti più difficili del processo di lutto, ma può anche essere un'opportunità per crescere, imparare e costruire nuovi significati per la vita. Non c'è modo di cancellare il dolore della perdita, ma è possibile trasformarlo in qualcosa di positivo e costruttivo per andare avanti con più forza e resilienza.

La nostalgia sarà un costante ricordo della persona amata che è andata via, ma può anche essere uno stimolo per continuare a vivere, amare e onorare la vita di coloro che non ci sono più.

CAPITOLO 13

LA RICERDA DI UN NUOVO SIGNIFICATO ALLA VITA

NELLA RICERCA
DI UN NUOVO
SIGNIFICATO,
SCOPRIAMO
CHE LA VITA
CONTINUA
A RIVELARCI
BELLEZZA E SCOPO.

Nel momento in cui perdiamo qualcuno che amiamo, è naturale sentirsi confusi e non sapere come andare avanti. Il dolore della perdita può essere travolgente e spesso ci fa mettere in discussione il senso della vita e il nostro posto nel mondo. È in questo momento che molti di noi iniziano a cercare un nuovo significato, una ragione che giustifichi il dolore che stiamo provando.

Questa ricerca di un nuovo significato è un processo molto personale e unico, che può richiedere tempo e molta riflessione e autoconoscenza. Molte persone trovano conforto nella religione o nelle credenze spirituali, mentre altre cercano uno scopo più grande per le loro vite, attraverso il volontariato, l'coinvolgimento in cause sociali o la creazione di progetti che possano aiutare altre persone che stanno affrontando situazioni simili.

Tuttavia, è importante ricordare che la ricerca di un nuovo significato alla vita non è un compito facile e non sempre porterà a risposte chiare e definitive. È possibile che durante il processo di lutto sorgano molte domande che ci confondono e ci angosciano ancora di più. Ma è importante perseverare in questa ricerca, anche se sembra che stiamo girando in cerchio, perché è attraverso di essa che possiamo trovare un nuovo scopo per la nostra vita e un nuovo significato per la perdita che abbiamo subito.

Alcune persone trovano conforto anche nel condividere le loro storie con altre persone che hanno vissuto situazioni simili. Lo scambio di esperienze può essere molto arricchente e aiutare a comprendere il proprio processo di lutto e a scoprire nuovi percorsi e possibilità.

Infine, è importante ricordare che la ricerca di un nuovo significato alla vita non è un compito da affrontare da soli. È fondamentale poter contare sull'appoggio di amici, familiari e professionisti qualificati, come psicologi e terapisti, che possano aiutare nel processo di riflessione e autoconoscenza e nella comprensione delle emozioni e dei sentimenti che emergono durante il lutto.

Insieme, possiamo trovare una nuova strada e un nuovo significato per la nostra vita dopo la perdita di qualcuno che amiamo.

CAPITOLO 14
LA SPIRITUALITÀ

NELLA SPIRITUALITÀ
TROVIAMO
UN RIFUGIO
DI PACE E SPERANZA,
RICORDANDOCI
CHE SIAMO
PARTE DI QUALCOSA
DI PIÙ GRANDE.

La spiritualità è un concetto ampio che va oltre i confini delle religioni tradizionali. Coinvolge la ricerca di significato, connessione e scopo nella vita. Questa ricerca può assumere molte forme, dalla partecipazione a pratiche religiose strutturate all'esplorazione individuale della spiritualità attraverso la meditazione, la contemplazione o persino momenti di silenzio e riflessione.

Quando affrontiamo la perdita di una persona cara, la spiritualità può essere una bussola che ci guida attraverso il labirinto di emozioni che accompagnano il lutto. Offre un modo per trovare un senso di significato in mezzo a una tristezza travolgente. La spiritualità ci invita a considerare profonde questioni sulla vita, la morte e su cosa possa esistere oltre questo piano terreno.

La morte, un'esperienza innegabilmente universale, spesso ci porta a mettere in discussione la nostra stessa esistenza. Ci ricorda la transitorietà della vita e può spingerci a riflettere su cosa succede dopo che lasciamo questo mondo. La spiritualità diventa una lente attraverso la quale possiamo esplorare queste questioni, offrendo conforto attraverso credenze nella continuazione dell'anima o in un'esistenza spirituale dopo la morte.

Per alcuni, la spiritualità è un porto sicuro in cui trovano risposte a queste domande esistenziali. Questo può offrire una sensazione di pace interiore e tranquillità, fornendo una prospettiva più ampia sul ciclo della vita e della morte. Inoltre, la spiritualità può essere un filo che collega le persone in un tessuto di credenze condivise, creando un senso di comunità e supporto durante i momenti di perdita.

Tuttavia, è fondamentale capire che la spiritualità non è una panacea universale. Il processo di lutto è profondamente personale e complesso. Alcune persone possono trovare conforto nella spiritualità, mentre altre possono sentirsi a disagio o non trovare significato attraverso di essa. Ogni individuo ha il proprio percorso da seguire e i propri modi per affrontare il dolore della perdita.

La spiritualità non è una scorciatoia per superare il lutto. Anche se può fornire una struttura per comprendere e affrontare la perdita, non esclude le emozioni difficili che accompagnano il processo. La tristezza, la rabbia e il vuoto persistono anche nel contesto spirituale. Tuttavia, la spiritualità offre strumenti per navigare attraverso queste emozioni e trovare un senso di pace interiore, anche quando l'oscurità del lutto sembra schiacciante.

Indipendentemente da come viene praticata la spiritualità, che sia attraverso rituali religiosi, meditazione o qualsiasi altra forma di connessione spirituale, può essere una fonte di supporto e conforto. Offre un modo per onorare e ricordare coloro che abbiamo perso, mentre ci ricorda che il percorso del lutto è unico per ciascuna persona.

CAPITOLO 15

IL SENTIMENTO DI COLPA

LIBERATI
DAL PESO
DELLA COLPA,
IL PERCORSO VERSO
LA GUARIGIONE
INIZIA QUANDO
TI PERDONI.

Nel gestire la perdita di qualcuno di importante nelle nostre vite, è comune sperimentare una serie di emozioni intense. Una di esse è la colpa, che può manifestarsi in varie forme ed essere un ostacolo significativo nel processo di lutto. Esploreremo questa emozione complessa e capiremo come possiamo affrontarla in modo sano.

La colpa è un'emozione comune nel lutto e può sorgere per molte ragioni. Spesso sentiamo che avremmo potuto fare qualcosa per evitare la morte della persona amata. Potrebbe essere che abbiamo avuto un litigio con loro poco prima della loro partenza e ci sentiamo colpevoli di non essere stati più gentili o affettuosi. O forse ci biasimiamo di non aver trascorso abbastanza tempo con loro mentre erano ancora in vita o di non aver fatto abbastanza per aiutarli nei momenti difficili.

Indipendentemente dalla causa, la colpa può essere un'emozione molto dolorosa e debilitante. Può portarci a mettere in discussione le nostre scelte e a sentirci incapaci di andare avanti. È quindi importante imparare a gestirla in modo sano.

Una delle cose più importanti che possiamo fare nel confrontarci con la colpa è riconoscere che fa parte del processo di lutto e che non siamo soli nel provarla. Molte persone che hanno perso qualcuno di importante nelle loro vite sperimentano la colpa in una forma o nell'altra, e sapere ciò può aiutarci a sentirsi meno soli.

Inoltre, è importante capire che la colpa non è sempre razionale o giustificata. È comune biasimarci per cose che non erano sotto il nostro controllo o per non aver fatto qualcosa che semplicemente non era possibile al momento. In questi casi, è importante cercare di cambiare la prospettiva e vedere la situazione in modo più realistico.

Un'altra cosa che possiamo fare per affrontare la colpa è parlare con qualcuno di cui ci fidiamo. Questo può essere un amico, un membro della famiglia o un professionista della salute mentale. Parlare dei nostri sentimenti e delle nostre preoccupazioni può contribuire a ridurre l'intensità della colpa e a darci una visione più chiara della situazione.

È anche importante praticare l'auto-compassione e ricordare che siamo esseri umani fallibili, soggetti a commettere errori e ad affrontare sfide. Invece di giudicarci duramente, possiamo trattarci con gentilezza e compassione, riconoscendo che stiamo facendo del nostro meglio.

Infine, è importante imparare a perdonare noi stessi e gli altri. Il perdono non significa dimenticare ciò che è accaduto o minimizzare il dolore che proviamo, ma riconoscere che tutti siamo esseri umani e che, per quanto possa essere difficile, possiamo trovare un modo per andare avanti e ritrovare un significato nella nostra vita.

Affrontare la colpa non è facile, ma è importante imparare a farlo in modo che possiamo andare avanti con la nostra vita e onorare la memoria di coloro che abbiamo perso. La colpa può essere un ostacolo, ma con il tempo, la pazienza e l'amore, possiamo superarla e trovare un nuovo significato nella nostra vita.

CAPITOLO 16
IL RUOLO DELLA TERAPIA

NELLA TERAPIA, SCOPRIAMO CHE NON DOBBIAMO AFFRONTARE IL DOLORE DA SOLI; CI SONO MANI TESSE PER AIUTARCI.

La terapia è uno strumento potente per assistere le persone nei momenti difficili, come nel caso del lutto. Il ruolo del terapeuta è aiutare il paziente a esplorare le proprie emozioni, trovare modi sani per affrontare la perdita e sviluppare competenze per gestire lo stress e l'ansia.

Uno dei maggiori vantaggi della terapia è lo spazio sicuro che essa offre per l'espressione emotiva. Molte persone hanno difficoltà a condividere le proprie emozioni con amici e familiari, per paura di essere giudicati o di sovraccaricare gli altri. Il terapeuta è un professionista addestrato per gestire le emozioni e fornire un ambiente accogliente e privo di giudizio.

Esistono diverse approcci terapeutici che possono essere efficaci nel trattamento del lutto. La terapia cognitivo-comportamentale (TCC), ad esempio, è un approccio che aiuta il paziente a identificare e cambiare pensieri e comportamenti negativi che potrebbero contribuire al proprio dolore e sofferenza. La terapia del lutto centrata sulla ricostruzione del significato (TLRS) è un altro approccio che si concentra sull'aiutare il paziente a trovare un nuovo significato nella perdita e a costruire una nuova narrazione per la propria vita.

Indipendentemente dall'approccio terapeutico scelto, il ruolo del terapeuta è fondamentale nell'aiutare il paziente ad affrontare la perdita. Il terapeuta può aiutare il paziente a:

Comprendere e accettare le proprie emozioni

Spesso le persone cercano di negare o reprimere le emozioni legate al lutto, il che può portare a problemi emotivi in seguito. Il terapeuta può aiutare il paziente a comprendere e accettare le proprie emozioni, senza giudizio.

Sviluppare competenze per affrontare lo stress e l'ansia

Il lutto può essere un periodo di grande stress e ansia. Il terapeuta può insegnare competenze per affrontare queste emozioni, come tecniche di rilassamento, meditazione e mindfulness.

Identificare schemi di pensiero negativi

Il lutto può portare a pensieri negativi su se stessi, sugli altri e sul mondo. Il terapeuta può aiutare il paziente a identificare questi schemi di pensiero negativi e trovare modi per cambiarli.

Trovare un nuovo significato nella perdita

Il terapeuta può aiutare il paziente a trovare un nuovo significato nella perdita e a costruire una nuova narrazione per la propria vita. Ciò può aiutare il paziente a procedere con una prospettiva più positiva.

Affrontare la colpa e il rimorso

Spesso le persone in lutto possono provare colpa e rimorso in relazione alla persona scomparsa. Il terapeuta può aiutare il paziente ad affrontare queste emozioni e a trovare modi per liberarsi di questi sentimenti negativi.

Migliorare l'autostima

Il lutto può influenzare l'autostima del paziente. Il terapeuta può aiutare il paziente a sviluppare una sana autostima, riconoscendo i propri successi e punti di forza.

Oltre a questi benefici, la terapia può anche aiutare la persona in lutto a gestire questioni pratiche e burocratiche che possono emergere dopo la morte di un caro, come la gestione di testamenti, questioni di proprietà e finanze. Il terapeuta può aiutare la persona in lutto a affrontare efficacemente queste questioni e fornire supporto emotivo durante questo processo.

La terapia nel lutto può aiutare la persona in lutto a trovare un nuovo significato e scopo nella vita dopo la perdita di un caro. Il terapeuta può aiutare la persona in lutto a esplorare i propri valori, obiettivi e aspirazioni e trovare modi per onorare la memoria del caro mentre prosegue nella propria vita. La terapia può aiutare la persona in lutto a costruire una nuova identità, adattarsi ai cambiamenti nella vita e trovare significato e scopo dopo la perdita.

CAPITOLO 17
LA SUPERAZIONE

LA SUPERAZIONE
NON È LA FINE
DEL DOLORE,
MA L'INIZIO DELLA
RICOSTRUZIONE
DI UNA NUOVA VITA.

La vita può essere un'altalena emotiva, con alti e bassi, momenti di gioia e tristezza. In qualche momento, tutti noi affrontiamo difficoltà e sfide che sembrano insormontabili. Quando ci troviamo di fronte a situazioni avverse, è normale sentirsi persi, disperati e senza speranza. Tuttavia, la superazione è possibile ed è una delle esperienze più arricchenti della vita.

La superazione è la capacità di affrontare e superare le avversità della vita. È il processo di recupero emotivo, mentale e fisico dopo una situazione impegnativa. Anche se la superazione può sembrare difficile, è possibile e può essere raggiunta con gli strumenti giusti.

Per superare una sfida, è fondamentale accettare e comprendere la situazione in cui ci si trova. In molti casi, la negazione può essere un ostacolo alla superazione. È comune negare la realtà e cercare di ignorare il problema, ma la verità è che la negazione può prolungare il dolore e ritardare il processo di guarigione. Invece, è importante riconoscere la situazione e permettersi di provare tutte le emozioni che essa porta.

Permettersi di sentire è una delle cose più importanti che possiamo fare quando affrontiamo una difficoltà. Il dolore, la tristezza, la rabbia e la paura sono emozioni naturali e fanno parte del processo di guarigione. È importante permettersi di sentire queste emozioni ed esprimerle in modo sano, sia attraverso la scrittura, l'arte, la musica o la terapia. Non esiste una formula magica per gestire le emozioni, ma è essenziale tenere a mente che è normale sentirsi tristi, arrabbiati o spaventati, e che queste emozioni fanno parte del processo di superazione.

Un altro punto importante per superare una difficoltà è cercare il sostegno della famiglia, degli amici e dei professionisti della salute mentale. Non c'è vergogna nel chiedere aiuto ed è fondamentale capire che nessuno può superare una sfida da solo. Il supporto emotivo può aiutare a lenire il dolore e la solitudine, oltre a fornire una rete di supporto emotivo.

Inoltre, la ricerca di attività piacevoli può contribuire al processo di superazione. Fare ciò che amiamo può portare un senso di normalità e aiutare a distogliere la mente dal dolore. Questo può includere hobby, attività fisiche, volontariato o altre attività che ci procurano piacere e soddisfazione.

La superazione non è un processo lineare e può avere alti e bassi. È importante ricordare che il recupero non è una corsa, ma piuttosto un viaggio personale. A volte può sembrare di fare un passo avanti e due indietro, ma è normale e fa parte del processo. La superazione è una competenza che può essere imparata e praticata e può portare un senso di realizzazione e di potenziamento.

Infine, è essenziale ricordare che la superazione non significa che il dolore scomparirà completamente. L'obiettivo non è dimenticare la difficoltà, ma piuttosto trovare un nuovo significato per essa e costruire una nuova narrazione di vita a partire da essa. La superazione è un processo continuo, fatto di alti e bassi, progressi e regressi. È necessaria pazienza e compassione verso se stessi, permettendoci di provare le emozioni che emergono lungo il cammino.

CAPITOLO 18
IL LEGATO

IL LEGATO
DI COLORO
CHE AMIAMO
VIVE NEI
NOSTRI GESTI,
ISPIRANDOCI A
VIVERE IN MODO
SIGNIFICATIVO.

Spesso, il legato del lutto è qualcosa che viene dimenticato o trascurato nel corso del processo di dolore e sofferenza. Tuttavia, è importante ricordare che il lutto può lasciare un'eredità positiva e significativa nelle nostre vite.

Innanzitutto, il lutto ci insegna sulla nostra resilienza e la nostra forza interiore. Quando attraversiamo momenti difficili, spesso siamo sorpresi dalla nostra capacità di affrontare il dolore e superare le difficoltà. Il lutto può esserne una prova, dimostrando che siamo in grado di gestire qualcosa che in precedenza sembrava impossibile.

Inoltre, il lutto può insegnarci sull'importanza delle nostre relazioni e connessioni con gli altri. Quando perdiamo qualcuno che amiamo, spesso ci rendiamo conto di quanto quella persona significasse per noi e di come la nostra vita sia stata influenzata da lei. Ciò può portarci a valorizzare ancor di più le nostre relazioni e ad investire in esse in modo più consapevole e amorevole.

Un altro legato positivo del lutto è lo sviluppo di maggiore empatia e compassione verso gli altri. Quando attraversiamo una perdita, sappiamo quanto possa essere difficile e quanto il dolore possa essere travolgente. Questo ci aiuta a comprendere meglio le sofferenze degli altri e a essere più sensibili e compassionevoli verso i loro dolori e le loro difficoltà.

Inoltre, il lutto può insegnarci sull'importanza di prendersi cura della propria salute mentale ed emotiva. Quando attraversiamo una perdita, è comune sentirsi persi, ansiosi e depressi. Ciò può portarci a cercare aiuto professionale e a imparare nuovi modi per prendersi cura di noi stessi e del nostro benessere emotivo.

Infine, il legato del lutto può essere la creazione di nuovi significati e scopi nella nostra vita. Quando perdiamo qualcuno che amiamo, spesso ci interrogano sul significato della vita e sul nostro scopo. Questa riflessione può portare a scoperte e realizzazioni significative, come un cambiamento di carriera, la ricerca di nuove relazioni o l'impegno in una causa che è importante per noi.

CAPITOLO 19
LA SPERANZA

ANCHE NEI MOMENTI PIÙ BUI SI FA STRADA, LA SPERANZA È LA LUCE CHE GUIDA IL NOSTRO PERCORSO DI GUARIGIONE E RINNOVO.

La vita è un viaggio fatto di alti e bassi e, in certi momenti, possiamo ritrovarci smarriti e senza speranza. Situazioni come la perdita di una persona cara, la fine di una relazione o un fallimento professionale possono lasciarci scossi e scoraggiati. Tuttavia, è importante ricordare che c'è sempre una luce in fondo al tunnel e la speranza è ciò che ci spinge a andare avanti.

La speranza è un sentimento potente che ci aiuta a mantenere la fede e a credere che le cose miglioreranno. Ci consente di guardare oltre le difficoltà attuali e di avere fiducia che tempi migliori arriveranno. È un sentimento che ci tiene motivati e ci aiuta a continuare a lottare, anche quando le cose sembrano impossibili.

Ma come possiamo coltivare la speranza nella nostra vita? È possibile imparare ad avere speranza anche in situazioni difficili? La risposta è sì. Ci sono strategie e pratiche che possono aiutarci a nutrire questo sentimento dentro di noi.

La prima consiste nel saper gestire le emozioni negative. Quando ci troviamo in una situazione difficile, è naturale provare emozioni come tristezza, rabbia e frustrazione. Tuttavia, se non sappiamo gestire queste emozioni, possono trasformarsi in sentimenti di disperazione e impotenza. È importante permettersi di sentire queste emozioni, ma è anche importante imparare a gestirle in modo sano. La terapia può essere un'ottima opzione per imparare a gestire le emozioni negative e trovare modi positivi per esprimerle.

Un'altra strategia per coltivare la speranza è imparare a essere grati. Anche in mezzo a una situazione difficile, c'è sempre qualcosa per cui possiamo essere grati. Può trattarsi di qualcosa di semplice, come avere un tetto sulla testa o avere amici e familiari che ci amano. Quando impariamo a valorizzare queste cose, la nostra prospettiva cambia e iniziamo a vedere le cose in modo più positivo. La gratitudine è uno strumento potente per coltivare la speranza nella nostra vita.

Quando stiamo attraversando una situazione difficile, può essere difficile vedere un futuro migliore. Tuttavia, è importante stabilire obiettivi realistici che ci consentano di intravedere una via d'uscita. Questi obiettivi non devono essere grandi o complessi, possono essere cose semplici come avviare un nuovo hobby o iscriversi a un corso di studio. Quando abbiamo obiettivi realistici, abbiamo qualcosa per cui lottare e questo ci aiuta a mantenere la speranza.

Infine, è importante cercare sostegno dagli amici e dalla famiglia. La solitudine può farci sentire disperati e senza speranza. Quando ci connettiamo con altre persone, troviamo supporto emotivo e ciò ci aiuta a mantenere la speranza nei momenti difficili. Inoltre, essere circondati da persone positive e amorevoli ci aiuta a mantenere una prospettiva positiva e a credere che tempi migliori arriveranno.

CONSIDERAZIONI FINALI

Il lutto è una delle esperienze più dolorose che possiamo affrontare nella vita. È un viaggio che tutti noi attraversiamo in qualche momento, ma ogni persona lo vive in modo unico. È importante ricordare che non c'è un percorso giusto o sbagliato per affrontare il lutto e che ognuno ha il diritto di elaborarlo in un modo che sia salutare e significativo per lui.

In questo libro, esploriamo cos'è il lutto, le diverse fasi del processo di lutto e alcune modalità per affrontare il lutto in modo salutare. Spero che questo libro abbia fornito una guida e un conforto a coloro che stanno vivendo il lutto o che stanno aiutando qualcuno a superarlo.

Ricorda che è importante permettersi di sentire le proprie emozioni e cercare il supporto degli altri, che sia in un gruppo di sostegno, con amici e familiari o con un professionista della salute mentale.

Prendersi cura di se stessi e trovare modi sani per affrontare il lutto può aiutare a trovare significato e scopo nella vita dopo la perdita di una persona cara.

Non sei solo e c'è sempre speranza di guarigione e recupero. Il lutto può essere un viaggio difficile, ma può anche offrire l'opportunità di crescere e trovare un significato più profondo nelle nostre vite.

CIRCA L'AUTORE

Leonardo Tavares è l'autore del libro Sopravvivendo al Lutto. A 36 anni, padre di una bellissima bambina di 4 anni, è diventato vedovo dopo la morte di sua moglie a causa di un raro cancro al mediastino. Lei aveva solo 27 anni, appena compiuti.

Il dolore della perdita è qualcosa che Leonardo conosce profondamente e, attraverso la sua esperienza personale, ha imparato l'importanza di permettersi di sentire tutte le emozioni che emergono durante il processo di lutto. Sa quanto sia difficile affrontare la nostalgia e il dolore che la perdita porta con sé e, per questo, ha deciso di aiutare altre persone a superare questa fase delle loro vite.

Con la sua scrittura chiara e precisa, Leonardo aiuta i suoi lettori a trovare forza, coraggio e speranza nei momenti di profonda tristezza.

Aiutate altre persone condividendo quest'opera.

LEONARDO TAVARES

Sopravvivere al lutto

www.ingramcontent.com/pod-product-compliance
Lightning Source LLC
LaVergne TN
LVHW092055060526
838201LV00047B/1399